VILLE DE PARIS

ENCOURAGEMENTS A L'ART MUSICAL

RAPPORT

PRÉSENTÉ A MONSIEUR LE PRÉFET DE LA SEINE

AU NOM DU JURY INSTITUÉ

POUR LE

CONCOURS

DE COMPOSITION MUSICALE

OUVERT PAR LA VILLE DE PARIS

M. Émile **PERRIN**, Rapporteur

PARIS

TYPOGRAPHIE LAHURE, RUE DE FLEURUS, 9

1878

ENCOURAGEMENTS A L'ART MUSICAL

RAPPORT

PRÉSENTÉ A MONSIEUR LE PRÉFET DE LA SEINE

AU NOM DU JURY INSTITUÉ

POUR LE

CONCOURS

DE COMPOSITION MUSICALE

OUVERT PAR LA VILLE DE PARIS

M. Émile PERRIN, Rapporteur

PARIS

TYPOGRAPHIE LAHURE, RUE DE FLEURUS, 9

1878

Monsieur le Préfet,

Le Jury [1], institué pour examiner les œuvres des compositeurs qui ont pris part au concours ouvert par la Ville de Paris en vertu d'une délibération du Conseil municipal, à la date du 9 août 1875, et par votre arrêté du 25 octobre 1876, s'est réuni pour la première fois le mercredi 21 novembre 1877. Durant trois mois ses travaux se sont poursuivis sans interruption ; ils ont pris fin le mercredi 13 février 1878. Quoique le résultat de ce concours soit connu depuis quelques jours et que l'on ait déjà publié le titre des œuvres couronnées et le nom de leurs auteurs, le Jury a néanmoins pensé qu'il convenait de vous adresser un rapport général qui résumât l'en-

---

1. Le Jury était composé de MM. Ferdinand Duval, Préfet de la Seine, président ; Ambroise Thomas, membre de l'Institut, Directeur du Conservatoire de musique, vice-président ; Édouard André, Banderali, François Bazin, membre de l'Institut, Ernest Boulanger, Cherouvrier, Ed. Colonne, Léo Delibes, César Franck, Charles Gounod, membre de l'Institut, Guilmant, Guiraud, Hérold, Sénateur, ancien membre du Conseil municipal de Paris, Lenepveu, Massenet, Ortolan, Émile Perrin, membre de l'Institut, ancien membre du Conseil municipal de Paris, Camille Saint-Saëns, Vaucorbeil, Président de la Société des compositeurs de musique, Henri Le Roux, chef du cabinet du Préfet de la Seine, secrétaire.

semble et le détail de ses opérations, qui indiquât la marche qu'il avait suivie, dans lequel on pût retrouver la trace des diverses questions qui se sont agitées au cours de ses nombreuses séances. Cela nous a paru nécessaire, au point de vue de notre responsabilité. Peut-être aussi ce soin ne sera-t-il pas tout à fait inutile à ceux qui viendront après nous et qui auront à accomplir la même tâche.

Pour la première fois, en effet, la composition musicale était comprise au nombre des arts auxquels la Ville de Paris accorde son puissant patronage. De cette première épreuve allait peut-être dépendre l'avenir du concours. Hâtons-nous de le dire, le concours a pleinement gagné sa cause. Un courant d'aspirations élevées, d'efforts généreux s'est créé pour répondre à l'appel de la Ville de Paris. Le but qu'elle se proposait a donc été atteint et l'art de la composition musicale a mérité d'avoir désormais sa part assurée dans les encouragements accordés aux arts par le budget municipal.

Vingt-cinq partitions avaient été envoyées au concours. Dans sa première séance, le Jury régla l'ordre de ses travaux. On convint qu'il se diviserait en trois Commissions entre lesquelles seraient réparties les vingt-cinq œuvres à examiner. Ces trois Commissions furent placées sous la présidence de trois de nos collègues, membres de l'Institut, M. Ambroise Thomas pour la première, M. François Bazin pour la seconde et M. Charles Gounod pour la troisième. Les divers éléments dont était formé le Jury y étaient également représentés, et dans chacune d'elles, deux de nos collègues qui, à la science du compositeur joignent l'habileté du virtuose, assuraient la précision et la clarté de l'exécution.

Chacune de ces Commissions devait procéder à un premier travail d'élimination, puis faire connaître aux deux autres le résultat de ce travail. Aucune élimination ne pouvait être proposée qu'après ce contrôle réciproque, elle ne devenait définitive qu'avec l'assentiment des trois commissions et par le vote de l'assemblée générale du Jury. Toutes les garanties désirables étaient ainsi assurées, une œuvre ne pouvant être écartée que par l'unanimité des suffrages, et toutes ayant passé, à leur tour, sous les yeux de chacun des jurés.

Trois semaines environ furent nécessaires pour ce premier travail des Commissions. Le 13 décembre, les membres du Jury purent se réunir en assemblée générale pour statuer sur les éliminations proposées. Douze partitions furent écartées à l'unanimité des voix, les treize autres réservées pour un second examen. Le Jury décida que la marche adoptée pour la première épreuve serait également suivie pour la seconde. Les trois Commissions se partagèrent les treize partitions réservées. A mesure qu'une Commission avait terminé l'examen du groupe qui lui était confié, un mutuel échange se faisait entre elles. Mais il ne s'agissait plus ici d'un simple travail d'élimination, il fallait comparer les œuvres entre elles, se rendre compte de l'ensemble du concours. On procédait donc par voie de sélection et chaque Commission, assignant aux œuvres un ordre de mérite, devait présenter en première ligne celles qui lui paraissaient entrer en concurrence sérieuse pour le prix. Les treize partitions réservées étaient ainsi de nouveau soumises à l'examen de chacune des Commissions. Celles-ci ne devaient se communiquer mutuellement le résultat de leur examen que dans la prochaine assemblée générale.

Les Commissions furent prêtes à la fin de janvier 1878. Le Jury se réunit le mardi 29. Chacune des Commissions lui soumit ses propositions. Comme elles avaient opéré séparément et sans suivre une marche absolument identique, je crois ne pouvoir mieux faire que de reproduire ici le texte même du procès-verbal de la séance.

— « La 1re Commission a classé en première ligne le n° 4, *le Pa-*

radis perdu, à l'unanimité des six votants; en seconde ligne le n° 17, *le Tasse*, par trois voix sur cinq. Pour le classement en troisième rang, le scrutin n'a donné aucun résultat. Au dernier tour, les voix se sont ainsi réparties : le n° 5, *le Triomphe de la paix*, trois voix ; le n° 19, *la Poésie sacrée*, une voix, plus deux bulletins blancs.

— « La 2ᵉ Commission entend n'attribuer de rang aux ouvrages qu'après une audition en séance générale du Jury. Les votes émis sur les partitions qu'il convient de réserver se résument de la manière suivante :

« Les partitions n° 5, *le Triomphe de la paix*, et 17, *le Tasse*, ont été réservées à l'unanimité. La partition n° 4, *le Paradis perdu*, a été réservée par quatre voix sur cinq votants. La partition n° 23, *Lutèce*, a été réservée par trois voix sur cinq votants.

— « La 3ᵉ Commission place en première ligne deux ouvrages qui lui semblent devoir se disputer le prix. C'est, par ordre de numéro, le n° 4, *le Paradis perdu*, et le n° 17, *le Tasse*.

« Trois ouvrages lui paraissent devoir être mentionnés. Ce sont, toujours par ordre numérique, le n° 8, *les Fêtes de Bacchus ;* le n° 19, *la Poésie sacrée ;* le n° 23, *Lutèce*. »

Avant qu'il fût procédé au vote sur les propositions des Commissions, M. Ambroise Thomas, notre président, a appelé l'attention des membres du Jury sur des lettres anonymes qui leur avaient été adressées individuellement et à plusieurs reprises. Ces lettres réclamaient la mise hors concours d'une des œuvres présentées et qui, ayant reçu devant le public un commencement d'exécution, ne se trouvait plus dès lors dans les conditions du programme. Ces lettres étaient accompagnées d'articles de journaux émanant visiblement de la même source.

Quoique cette dénonciation anonyme froissât le sentiment du Jury, il voulut néanmoins examiner avec soin les faits qui lui étaient signalés. Il put se convaincre qu'une symphonie portant en effet ce titre : *le Paradis perdu*, avait figuré dans un programme publié en 1876 par le directeur du Théâtre-Lyrique, mais qu'elle n'avait jamais été exécutée. Il paraissait hors de doute que cette symphonie ne fût la même que l'œuvre présentée, sous le n° 4, au concours. Mais le fait seul d'avoir dû être exécutée ne contrevenait pas pour cette œuvre aux conditions du programme. D'un autre côté, on ne devrait pas considérer comme un cas de mise hors concours la révélation du nom d'un des concurrents, puisque cette manœuvre aurait pu être employée par chacun contre tous les autres. Après délibération, le Jury décida à l'unanimité que cette protestation était inadmissible dans le fond comme dans la forme, et que l'auteur de la partition n° 4 serait maintenu parmi les concurrents.

Incidemment, le Jury se trouvait ici saisi d'une question qui a une véritable importance dans les concours publics et qui a été souvent discutée. L'anonymat est-il une condition indispensable du concours? Ajoute-t-il quelque chose à l'impartialité du jugement? En ce qui regarde spécialement un concours musical, ne présente-t-il pas plus d'inconvénients que d'avantages? Il est certain qu'en laissant aux concurrents la faculté de ne se point faire connaître, on leur a donné une plus grande part de liberté. Si l'auteur d'une œuvre présentée était bien décidé à garder l'anonyme, comment son secret pourrait-il être pénétré? Dans la pratique, il n'en est pas souvent ainsi. Le voile de l'anonyme est formé d'un tissu bien transparent; entr'ouvert par l'impatience des uns, par l'irritation des autres, il est rare qu'il ne soit soulevé tout à fait avant la fin des délibérations, malgré le soin avec lequel les membres du Jury se défendent contre ces sortes de révélations. Elles ne peuvent exercer aucune influence sur le jugement, mais elles sont une gêne de plus imposée aux jurés et qui ne profite à personne, puisque c'est des concurrents eux-mêmes que viennent les infractions à la règle du concours. A un autre point de vue et en ce qui touche l'exécution, si les partitions étaient ouvertement signées du nom de leurs auteurs, chacun pourrait, à son gré, préparer l'audition de son œuvre, au besoin y présider lui-même. De ce côté il y aurait un incontestable avantage. Le Jury n'avait pas à résoudre ces questions ; j'ai cru néanmoins devoir en faire mention puisqu'elles se sont agitées dans son sein.

En résumé, six partitions se trouvaient réservées pour la dernière épreuve : *le Paradis perdu* et *le Tasse*, par les trois Commissions ; *le Triomphe de la paix, la Poésie sacrée, Lutèce*, par deux Commissions ; *les Fêtes de Bacchus*, par une seule.

Ces six partitions devaient être intégralement exécutées devant le Jury tout entier. A ce moment, quelques-uns de nos collègues se demandèrent si l'exécution de la partition au piano était suffisante pour éclairer complétement le Jury, s'il ne conviendrait pas d'y ajouter un certain nombre d'instruments et de réclamer l'aide de chanteurs. C'était, il est vrai, entrer dans une voie difficile, créer des complications, donner lieu à des frais assez considérables. Mais l'intérêt des concurrents n'exigeait-il pas ces complications et ces dépenses ?

La majorité du Jury ne partagea pas ces scrupules. L'adjonction d'un certain nombre d'instrumentistes et de chanteurs donnait sans doute un intérêt de plus à l'exécution ; mais le plus ou le moins de mérite des exécutants pouvait aussi créer une inégalité entre le œuvres. Puis, une fois entré dans cette voie, où s'arrêterait-on ? Pourquoi pas un orchestre tout entier ? Comment conduire en même temps les répétitions nécessaires à ces six ouvrages ? Le Jury décida de s'en tenir à l'exécution au piano ; il chargea MM. Saint-Saëns, Léo Delibes et Guilmant de se répartir entre eux les six

partitions réservées, afin de les étudier de nouveau, de s'en bien
pénétrer et d'en pouvoir traduire le plus fidèlement possible les
intentions et le caractère.

A partir de ce moment, le Jury se déclara pour ainsi dire en
permanence. En trois jours il se réunit cinq fois, et ses séances se
prolongeaient très-avant dans la soirée. Ce fut aussi le moment le
plus intéressant de nos travaux. MM. Saint-Saëns, Guilmant, Léo
Delibes tenaient tour à tour le piano, Gounod chantait, une véritable élite de lecteurs et de musiciens était penchée sur la partition,
chacun faisait sa partie dans les chœurs, ou aidait aux morceaux
d'ensemble. Peut-être bien la qualité des voix faisait-elle un peu
défaut, mais nulle part les concurrents n'auraient pu rencontrer
des interprètes aussi scrupuleux, aussi attentifs, plus aptes à
s'identifier avec la pensée du compositeur, à mieux saisir l'ensemble
d'une œuvre, à en mieux préciser le mouvement, à en mieux
rendre les nuances, à la mettre aussi parfaitement en lumière jusque
dans ses plus fins détails.

Sans rien préjuger de l'avenir, ni du parti que pourront prendre
à cet égard les Jurys futurs, nous pouvons affirmer que l'adjonction d'éléments nouveaux eût été absolument superflue, que l'étude
des partitions réservées, lesquelles revenaient d'ailleurs pour la
troisième fois sous nos yeux, n'a rien laissé à désirer. La conscience
des jurés, aussi complétement éclairée que possible, était en mesure
de se prononcer en toute sécurité.

Une séance spéciale fut indiquée pour procéder au jugement défi-
nitif. Elle eut lieu le mercredi 13 février. Avant de passer au vote,
un membre du Jury demanda que l'on prît les dispositions nécessaires pour que l'auteur de la partition couronnée ne pût y apporter
aucune modification avant l'exécution solennelle prévue par le
programme. Le jugement porté par le Jury devant être alors sou-
mis au public, il lui semblait indispensable que l'œuvre primée fût

entendue telle qu'elle avait été présentée au Jury. Cette condition parut trop rigoureuse ; en fait elle est peu pratique. Les plus célèbres, les plus habiles parmi les compositeurs ne se font pas faute de modifier, de remanier même leur instrumentation au cours des répétitions, et jusqu'à la dernière heure. Cette faculté dont ils usent largement, comment la refuser au lauréat? Il ne s'agissait d'ailleurs en ce moment que de comparer les œuvres entre elles, d'apprécier leur valeur relative et de donner le prix à celle qui paraissait réunir le plus de qualités. Quant à l'exécution, c'était là une question absolument distincte, qui viendrait à son temps; pourquoi se créer à l'avance des obstacles qui empêcheraient cette exécution d'être aussi bonne que possible? Sans doute il ne fallait pas que les modifications fussent de nature à altérer la substance même de l'œuvre, mais n'était-ce pas là une crainte illusoire? D'ailleurs, l'organisation de la solennité dans laquelle l'œuvre couronnée doit être exécutée, sera, selon toute probabilité, confiée à une Commission spéciale dont seront appelés à faire partie un certain nombre des membres du Jury. Leur présence seule devait former une garantie suffisante et l'on n'exigea rien au delà.

Une autre question préalable fut soulevée concernant l'éventualité du partage du prix. Cette éventualité pouvait-elle être admise en présence des termes mêmes de l'arrêté préfectoral qui stipule un prix unique? La majorité des membres du Jury se montra contraire au principe du partage. La même majorité se prononça pour qu'il fût accordé des mentions aux œuvres qui auraient réuni le plus de suffrages après l'œuvre couronnée.

Ces questions élucidées, le vote eut lieu au scrutin secret. Je laisse encore ici la parole au procès-verbal de la séance :

« 1er tour. — 18 votants. Majorité absolue, 10 voix.

« Ont obtenu :

« Les partitions : nᵒ 17 (*le Tasse*), 8 voix.

   «   nᵒ 4 (*le Paradis perdu*), 5 voix.

   «   nᵒ 23 (*Lutèce*), 3 voix.

   «   nᵒ 5 (*le Triomphe de la paix*), 2 voix.

« Personne n'ayant obtenu la majorité absolue, il est procédé à un deuxième tour de scrutin.

« 2ᵉ tour. — 18 votants. Majorité absolue, 10 voix.

« Ont obtenu :

> *Le Paradis perdu*, 8 voix.
>
> *Le Tasse*, 8 voix.
>
> *Le Triomphe de la paix*, 2 voix.

« Cette deuxième épreuve étant sans résultat, il est procédé à un troisième tour de scrutin.

« 3ᵉ tour. — 18 votants. Majorité absolue, 10 voix.

« Ont obtenu :

> *Le Paradis perdu*, 8 voix.
>
> *Le Tasse*, 8 voix.
>
> *Le Triomphe de la paix*, 2 voix.

« 4ᵉ tour. — 18 votants. Majorité absolue, 10 voix.

« Suffrages exprimés :

> *Le Paradis perdu*, 8 voix.
>
> *Le Tasse*, 8 voix.
>
> *Le Triomphe de la paix*, 1 voix.
>
> Bulletin blanc, 1.

« Une discussion s'engage au sujet de la valeur du bulletin blanc.

« Le Jury décide que les bulletins blancs seront comptés.

« 5ᵉ tour. — 18 votants. Majorité absolue, 10 voix.
« Ont obtenu :

      Le Paradis perdu, 8 voix.
      Le Tasse, 8 voix.
      Bulletins blancs, 2.

« 6ᵉ tour. — 18 votants. Majorité absolue, 10 voix.
« Ont obtenu :

      Le Paradis perdu, 9 voix.
      Le Tasse, 9 voix.

Dans ces conditions, la lutte menaçait de se prolonger indéfiniment. Deux œuvres se partageaient également les suffrages, toutes deux également recommandables par des qualités opposées. Dans l'une, l'élégante correction du style, la grâce de l'idée mélodique, l'habileté avec laquelle elle est présentée et mise en œuvre, la netteté de la construction musicale révélaient un talent déjà exercé, un musicien en pleine possession de lui-même. Dans l'autre, on sentait un talent moins accompli peut-être, mais une personnalité plus accentuée. L'instrumentation y est maniée d'une main moins sûre, le style plus heurté, mais l'abondance des idées, l'inspiration soutenue, une remarquable variété de coloris, des pages d'une saveur exquise ou d'un sentiment pathétique et profond compensaient largement les défauts, même aux yeux des juges qui se montraient le plus sévères.

Il était évident que le débat s'agitait non pas seulement entre deux œuvres, mais entre deux courants d'opinions bien tranchées. Des deux concurrents on pouvait dire : celui-là a plus d'école; celui-ci plus d'originalité. Lequel devait l'emporter sur l'autre?

C'est l'éternel dilemme qui se pose, dans tous les arts, entre la science acquise et les dons naturels. L'alternative était sans issue. En admettant même que, de guerre lasse, une majorité pût s'établir, cette infime majorité, comme le faisait très-judicieusement remarquer un de nos plus éminents collègues, suffirait-elle à affranchir la conscience des jurés de tout sentiment de regret? La joie du triomphe n'en serait-elle point altérée pour le vainqueur?

La perplexité était grande. Une seule solution devenait possible. Elle se présenta en même temps à l'esprit de la plupart des membres du Jury. Cette solution que nous avions cru pouvoir écarter à l'avance, c'était le partage du prix. Sans doute ce partage était contraire au principe que nous avions admis, mais il s'imposait maintenant par la nécessité, plus puissante souvent que les principes. Une seule objection nous arrêtait encore. Ce partage était-il de nature à diminuer la valeur du prix institué par la Ville de Paris? La majorité du Jury ne l'estima pas ainsi. Le mérite seul des deux œuvres créait cette parité de récompense, et la force du concours n'en était que mieux constatée. La rémunération pécuniaire était amoindrie, il est vrai, mais l'honneur restait entier, chacune des deux œuvres devant être intégralement exécutée par les soins de la Ville, et, c'est bien là, il faut le dire, le vrai prix, la plus précieuse récompense pour les concurrents.

La cause du partage était, pour cette fois, gagnée. Tout en insistant de nouveau pour que la mesure qu'il allait prendre fût considérée comme tout à fait exceptionnelle et qu'elle ne constituât pas un précédent contraire au principe d'un prix unique, le Jury décida, à l'unanimité moins une voix, que le prix serait partagé entre l'auteur du *Paradis perdu* et l'auteur du *Tasse*. Les plis cachetés qui recélaient leur nom furent aussitôt ouverts, les noms de MM. Théodore Dubois et Benjamin Godard immédiatement proclamés.

Nous ne nous dissimulons pas, Monsieur le Préfet, que le partage du prix a singulièrement compliqué la tâche de l'Administration de la Ville de Paris en ce qui touche l'exécution publique de l'œuvre primée. Ce n'est plus une partition qu'il s'agit de faire entendre, mais deux, et dans des conditions d'une égalité absolue. Mais, il y a dans cette lutte qui se prolonge encore après la décision du Jury, sur laquelle le public est appelé à se prononcer en dernier ressort, un nouvel intérêt qui doit profiter à la popularité et à l'éclat du concours. Vous avez bien voulu nous dire que ces difficultés ne vous arrêteraient pas, nous vous en adressons de nouveau tous nos remercîments.

Il restait encore à décerner les mentions. Après deux tours de scrutin, la majorité absolue de dix voix accorda une première mention au n° 5, *le Triomphe de la paix*. Après un seul tour de scrutin, la même majorité accorda une deuxième mention au n° 23, *Lutèce*.

Aux termes du programme, les noms des auteurs des œuvres mentionnées ne pouvant être connus et publiés que s'ils en exprimaient le désir, nous avons dû attendre que ces noms nous fussent volontairement révélés. Deux lettres vous sont parvenues, Monsieur le Préfet, que vous avez bien voulu nous communiquer. La première est de M. Samuel David, auteur de la partition n° 5, *le Triomphe de la paix*. A tous les titres, cette œuvre considérable, touffue, abondante jusqu'à la prodigalité, méritait cette première mention. La symphonie et les masses chorales y jouent un grand rôle. La seconde partie surtout est d'une inspiration des plus heureuses. Mme Augusta Holmès, auteur de la partition n° 23, *Lutèce*, en vous exprimant le désir que son nom soit publié, vous prie en même temps de faire connaître qu'elle est l'auteur du poëme sur lequel elle a composé sa partition. Je suis heureux d'ajouter que l'œuvre de Mme Holmès a été examinée par le Jury avec le plus vif intérêt. Il y a dans cette remarquable composition un souffle puissant, une fierté d'allures, des qualités toutes viriles qui ne laissaient pas deviner la main d'une femme.

MM. Théodore Dubois et Benjamin Godard vous ont également prié de faire connaître le nom de leurs collaborateurs. Nous devons donc mentionner avec éloges M. Édouard Blau, auteur du poëme du *Paradis perdu*, et M. Charles Grandmougin, auteur du *Tasse*. Tous deux ont fait preuve de talent, et il serait injuste d'oublier, quoiqu'il ne nous ait pas autorisé à publier son nom, le poëte distingué qui a été, pour *le Triomphe de la paix*, le collaborateur de M. Samuel David.

Notre tâche est terminée, Monsieur le Préfet, nous avions à juger les œuvres présentées au concours. Nous l'avons fait avec le soin le plus scrupuleux et toute la conscience dont nous étions capables. Nous sommes plus convaincus que jamais que l'institution de ce concours est un service considérable rendu à l'art musical et aux compositeurs français. C'est à la Ville de Paris qu'il appartient de décerner les récompenses. La plus précieuse, la plus féconde, celle qui peut le mieux stimuler le zèle et l'ardeur des concurrents, parce qu'elle constitue en leur faveur une prérogative inestimable, c'est le patronage de la Ville de Paris assuré à l'exécution publique des œuvres couronnées. L'organisation de cette solennité est confiée à votre sollicitude, nous savons donc tout ce que nous pouvons en attendre.

Avant de clore ce rapport, permettez-moi, Monsieur le Préfet, de renouveler ici, au nom du Jury, l'expression de notre vive reconnaissance envers le Conseil municipal et l'Administration de la Ville de Paris. Nous tenons aussi à adresser particulièrement nos remercîments à celui de nos collègues qui a eu une si grande part dans la fondation de ce concours. L'initiative en est due à M. Hérold, et elle lui allait bien, car, de l'héritage paternel, il a recucilli, avec un nom illustre, le dévouement à l'art musical, le souci de sa gloire et de sa dignité.

Veuillez agréer, Monsieur le Préfet, l'expression de ma haute considération et de mes sentiments les plus dévoués.

Le Rapporteur,

Émile PERRIN.

Typographie Lahure, rue de Fleurus, 9, à Paris. [20 837]

www.ingramcontent.com/pod-product-compliance
Ingram Content Group UK Ltd.
Pitfield, Milton Keynes, MK11 3LW, UK
UKHW020120100726
13658UKWH00005B/2282